AF343140

EDIT DU ROY,

Du mois de Decembre 1607.

Contenant l'Ordre, la Fonction, &
les Droits de l'Office de Grand
Voyer & de ses Commis.

ET LA DECLARATION DU ROY

Du 16. Juin 1693.

Portant Reglement pour les Fonctions &
Droits des Officiers de la Voirie.

A PARIS,

Chez CHARLES SAUGRAIN, sur le Quay de
Gesvres, à la Croix blanche.

M. DC. XCV.

HENRY PAR LA GRACE DE DIEU, ROY DE FRANCE ET DE NAVARRE;

A tous presens & à venir, Salut. A y a n t reconnu cy-devant combien il importoit au public, que les grands Chemins, Chaussées, Ponts, Passages, Rivieres, Places publiques & Ruës des Villes & Faux-bourgs de cétuy nostre Royaume, fussent rendus en tel estat, que pour le libre passage & commodité de nos Sujets, ils n'y trouvassent aucun destourbier ou empeschement ; Nous aurions à cette occasion fait expedier nostre Edit du mois de May 1599. pour la Creation en titre d'Office de l'Estat de Grand Voyer de France ; afin que celuy qui en seroit par Nous pourveu, y apportât un tel soin, vigilance & affection, que Nous & le Public en put tirer l'utilité requise : Ce qu'ayant depuis fait, pour la personne de nostre tres-cher & tres-aimé Cousin le Sieur Duc de Suilly, Grand Maistre de nostre Artillerie, Gouverneur & nostre Lieutenant General en Poitou, qui s'en seroit jusques à present si dignement acquitté, qu'il Nous a donné tout sujet de contentement. Mais dautant que depuis la discontinuation de ladite Charge de Grand Voyer, il s'est glissé plusieurs desordres au fait de ladite Voyrie, particulierement en nostre Ville de Paris, par les entreprises des Juges des Seigneurs Hauts-Justiciers, lesquels outre leurs Fonctions ordinaires, disputent les droits attribuez à leurs Charges ; aussi par la negligence de nos Officiers en icelle, pour n'avoir assez donné à connoistre à un chacun, ce que portoient les Reglemens cy-devant sur ce faits, & sur les Droits qui sont attribuez à la Voyrie de ladite Ville. Nous

avons estimé non-seulement utile, mais tres-necessai-
re pour le bien de nos Sujets, leur donner une parti-
culiere connoissance de nostre volonté, sur le fait de
ladite Voyrie : Comme aussi pour leurs Droits, que
Nous voulons estre doresnavant perceus par nos
Voyers, ou ceux qui seront par eux commis à cet
effet. A CES CAUSES, Nous, de l'Avis de
nostre Conseil, auquel estoient plusieurs Princes de
nostre Sang, & autres notables Seigneurs de nostre
Royaume ; AVONS par cétuy nostre Edit & Reglement, perpetuel & irrevocable, Voulu & Ordonné, Que les Articles contenus en iceluy, Concer-
nans ladite Voyrie, soient entretenus, suivis & ob-
servez de point en point, par tous nosdits Sujets.

PREMIEREMENT, Que la Justice de ladite
Voyrie, sera à l'avenir exercée, ainsi & par les Juges
qu'elle avoit accoûtumé auparavant, sans toutefois
préjudicier au Droit d'icelle.

NOUS VOULONS Que nostre Grand Voyer, ou
autres par luy Commis, ayent la connoissance de ladite Voyrie, tant dans les Villes, Faux-bourgs &
grands Chemins, vulgairement appellez Chemins
Royaux : Et que nos amez & feaux Conseillers les
Gens de nostre Chambre du Tresor à Paris, connois-
sent de tous differens qui interviendront pour leurs
Droits deus & affectez à ladite Voyrie ; ausquels
Nous avons attribué & attribuons la connoissance de
tels differens, qui y seront par eux jugez & termi-
nez, nonobstant & sans préjudice de l'Apel, jusques
à la somme de Dix livres parisis d'amende & au dessous, & pour les sommes excedans Dix livres parisis
par provision, pour ce qui est de nostre Domaine
seulement, & du Prevost de Paris, pour ce qui re-
garde la Police, comme les Allignemens, Perils émi-
nens, & autres cas semblables, de la Ville & Faux-
bourgs d'icelle, & par Appel en nostredite Cour de

Parlement ; La moitié desquelles Amendes à Nous reservée, sera mise entre les mains du Receveur de nostre Domaine de ladite Ville, & l'autre moitié appartenant audit Grand Voyer & sesdits Commis, pour & au lieu des frais qu'il convient faire journellement, en l'exercice de sa Charge, au payement desquelles les Particuliers seront contraints, en vertu des Sentences ou Extraits du Greffe, en la maniere accoûtumée.

VOULONS aussi & Nous plaist, Que lors que les Ruës & Chemins seront encombrées ou incommodées, nostredit Grand Voyer ou ses Commis, enjoignent aux Particuliers de faire oster lesdits empêchemens, & sur l'Opposition ou differends qui en pourroient resulter, faire condamner lesdits Particuliers, qui n'auront obey à ses Ordonnances, trois jours aprés la Signification qui leur en sera faite, jusques à la somme de Dix livres & au dessous, pour lesdites entreprises par eux faites : Et pour cet effet les faire assigner à sa requeste, pardevant ledit Prevost de Paris, auquel Nous donnons aussi tout pouvoir & Jurisdiction.

DEFENDONS à nostre-dit Grand Voyer ou ses Commis, de permettre qu'il soit faite aucunes Saillies, Avances & Pans de Bois, estre aux Bastimens neufs, & mesme à ceux où il y en a à present, de contraindre les réédifier, ny faire ouvrages qui les puissent conforter, conserver & soûtenir, ny faire aucun encorbellement en avance, pour porter aucun Mur, Pan de Bois, ou autres choses en Saillie, & porter à faux sur lesdites Ruës, ains faire le tour continuer à plom, depuis le Rez de Chaussée tout contremont, & pourvoir à ce que les Ruës s'embellissent & s'élargissent au mieux que faire se pourra : Et en baillant par luy les Allignemens, redressera les Murs où il y aura ply ou coûde, & de tout sera tenu de donner par écrit son Procés verbal, de luy signé ou de son Greffier, portant l'Allignement desdits Edifices, de deux toises en deux toises, à ce qu'il n'y soit contrevenu ; Pour lesquels Allignemens, Nous luy avons ordonné Soixante sols pour Maison, payable par les Particuliers qui feront faire lesdites Edifications sur ladite Voirie, encore qu'il y eut plusieurs Allignemens en icelle, n'estant compté que pour un seul.

COMME aussi Nous défendons à tous nosdits Sujets de ladite Ville, Faux-bourgs, Prevosté & Vicomté, & autres Villes de ce Royaume, faire aucun Edifice, Pan de Mur, Jambes-estrieres, encoignures, Caves, ny Caval, Formes-rondes en Saillie, Sieges, Barrieres, Contre-Fenestres, Huis de Caves, Bornes, Pas, Marches, Sieges Montoirs à Cheval, Avennës, Enseignes, Establis, Cages de Menuiserie, Chassis à verres, & autres Avances sur ladite Voirie, sans le Congé & Allignement de nostredit Grand Voyer ou desdits Commis ; Pourquoy faire luy avons attribué & attribuons la somme de Soixante sols tournois, & aprés la perfection d'iceux, seront tenus lesdits Particuliers d'en avertir ledit Grand Voyer ou Commis, afin qu'ils recollent lesdits Allignemens, & reconnoissent si les Ouvriers auront travaillé suivant iceux, sans toutefois payer aucune chose pour ledit recollement & confrontation : Et où il se trouveroit qu'ils auroient contrevenu ausdits Allignemens, seront lesdits Particuliers Assignez pardevant ledit Prevost de Paris, ou son Lieutenant, pour voir ordonner que la besongne mal plantée sera abbatuë, & condamnez en telle Amende que de raison, applicable comme dessus.

DEFENDONS au Commis de nostredit Grand Voyer, de prendre aucuns Droits pour mettre les Treillis de fer aux Fenestres sur ruës, pourveu qu'ils

n'excedent les Corps des Murs qui seront tirez à
plomb : & pour ceux qui sortiront hors des Murs,
payeront la somme de Trente sols tournois.

FAISONS aussi défenses à toutes personnes, de
faire & creuser aucunes Caves sous les Ruës. Et pour
le regard de ceux qui voudront faire degrez à mon-
ter en leurs Maisons, par le moyen desquels les Ruës
estrecissent, faire Sieges esdites Ruës, Estail ou Auvent, clore ou fermer aucunes Ruës, faire planter
Bornes au coin d'icelles, és entrées de Maisons, poser Enseignes nouvelles, ou faire le tout reparer,
prennent Congé dudit Grand Voyer ou Commis :
Pour lesquelles choses faites de neuf, & pour la Permission premiere, Nous luy avons attribué & attribuons la somme de Trente sols tournois, pour la Vi-
sitation d'icelles ; Et pour celles qu'il conviendra seulement reparer & refaire, la somme de Quinze sols
tournois : Et où aucuns voudront faire telles entreprises sans lesdites Permissions, le pourra faire condamner en ladite Amende de Dix livres, payable
comme dessus, ou plus grande somme, si le cas y
échet, & faire abattre lesdites entreprises, le tout au
cas que lesdites entreprises n'incommodent le public ;
& pour cet effet sera tenu le Commis dudit Grand
Voyer se transporter sur les lieux, auparavant que
donner la Permission & Congé de faire lesdites entreprises.

PAREILLEMENT Avons défendu & défendons
à tous nosdits Sujets, de jetter dans les Ruës, Eauës
ne ordures par les Fenestres, de jour ny de nuit, faire Preaux, ny aucuns Jardins en Saillies aux hautes
Fenestres, ny pareillement tenir Fiens, Terreaux,
Bois, ny autres choses dans les Ruës & Voyes publiques, plus de vingt-quatre heures, & encore sans incommoder les passans ; Autrement luy avons permis
& permettons de les faire condamner en l'Amende

comme deſſus. Auquel Voyer ou Commis, Nous enjoignons ſe tranſporter par toutes les Ruës, meſme par les Maiſtreſſes, de quinze en quinze jours, afin de commander qu'elles ſoient délivrées & nettoyées, & que les paſſans ne puiſſent recevoir aucunes incommoditez.

DEFENDONS auſſi à toutes perſonnes de faire des Eviers plus hauts que le Rez de Chauſſée, s'ils ne ſont couverts juſques audit Rez de Chauſſée, & meſme ſans la Permiſſion de noſtredit Grand Voyer, ſes Lieutenans ou Commis; Pour laquelle Permiſſion luy ſera payé Trente ſols indiſtinctement, tant pour ceux qui ſont au Rez de Chauſſée, que ceux qui ne ſe trouveront audit Rez de Chauſſée.

ORDONNONS à noſtredit Grand Voyer ou Commis, de faire crier aux quatre Feſtes annuelles de l'an, de par Nous & de par luy, à ce que les Ruës ſoient nettoyées, & outre qu'il ait à ordonner aux Chartiers conduiſans Terreaux, Gravois & autres immondices, de les porter aux Champs, aux lieux deſtinez aux Voiries ordinaires : Et au défaut de luy obeïr, Saiſira les Chevaux & Harnois des contrevenans, pour en faire ſon Rapport, ſans qu'il puiſſe donner main-levée qu'il n'en ſoit ordonné.

ENJOINDRA aux Sculpteurs, Charrons, Marchands de Bois, & tous autres, de retirer & mettre à couvert, ſoit dans leurs Maiſons ou ailleurs, ce qu'ils tiennent d'ordinaire dans les Ruës, comme Pierres, Coches, Charettes, Chariots, Trones, Pieces de Bois, & autres choſes, qui peuvent empêcher ou incommoder ledit libre Paſſage deſdites Ruës; Comme auſſi aux Teinturiers, Foullons, Fripiers, & tous autres, de ne mettre ſecher ſur Perches de Bois, ſoit és Feneſtres de leurs Greniers ou autrément ſur Ruës & Voyes, aucuns Draps, Toilles & autres choſes qui peuvent incommoder & offuſquer

la veüe defdites Ruës, fur les peines que deffus : Et
fur les contraventions qui fe feront, lefdites défen-
fes eftans faites par le Sieur Grand Voyer ou fes
Commis ; feront les contrevenans condamnez en
l'Amende comme deffus.

VOULONS & Nous plaift, Que ledit Grand Voyer,
& fes Commis, ayent l'œil & connoiffance du Pave-
ment defdites Ruës, voyes, Quais, & Chemins, &
où il fe trouvera quelques Pavez caffez, rompus ou
enlevez, qu'ils les faffent refaire & reftablir prom-
ptement, même faire l'ouverture des Maifons des re-
fufans d'icelles, aux dépens des Détempteurs defdites
Maifons, injonction préalablement faite aufdits Détempteurs : Et prendra garde que le Pavé de neuf foit
bien fait, & qu'il ne fe trouve plus haut élevé que celuy de fon voifin.

DEFENDONS au Commis de noftredit Grand
Voyer, de donner aucune Permiffion de faire des
Marches dans les Ruës, mais feulement continuer les
anciennes és lieux où elles n'empefchent le paffage.

NE pourra auffi noftredit Voyer ou Commis, donner Permiffion d'Auvent plus bas que de dix pieds,
à prendre du Rez de Chauffée en amont ; Et pour
ceux qu'il donnera, enfemble pour les Enfeignes, luy
appartiendra pour les Permiffions nouvelles, Trente
fols tournois, & pour le changement des Enfeignes,
refection & changement d'Auvent, n'en prendra que
Quinze fols tournois.

ET dautant que la plus grande partie des abus qui
fe font commis en ladite Voirie, font provenus à cau-
fe des Permiffions que donnent les Commis d'aucuns
Seigneurs Hauts-Jufticiers, tant Laïcs qu'Eccleſiaſti-
ques, prétendans avoir Droit de Voirie en noftredite
Ville, Faux-bourgs, Prevofté & Vicomté de Paris,
qui n'ont tenu compte, délivrant lefdites Permiffions,
de prendre exactement garde fi elles eftoient confor-

mes aux Reglemens & Ordonnances faites sur le fait de ladite Voirie. A cette cause, N o u s Voulons & entendons, qu'où il se trouvera que lesdits Voyers particuliers, ayent cy-devant donné ou donnent cy-aprés icelles Permissions, contre la teneur de nosdits Edits & Ordonnances, ledit sieur Grand Voyer, ses Lieütenans ou Commis, les feront appeller, pour les faire condamner à reparer ce qui auroit esté mal fait ; Le tout sans préjudice desdits Seigneurs, & autres prétendans Droits de Haute-Justice & Voirie en nô-tredite Ville & Fauxbourgs, lesquels nous voulons aprés la verification du present Reglement, estre ap-pellez à la diligence de nostre Procureur General, auquel mandons ainsi le faire, pour eux oüis, & les Titres qu'ils produiront, veus & examinez, leur estre pourveu ainsi que de raison.

E n t e n d o n s aussi que ledit Grand Voyer & ses Commis en la Ville, Prevosté & Vicomté de Paris, joüissent bien & deuëment, comme les autres Voyers ont cy-devant joüy, de tous les autres menus Droits qui luy sont attribuez par les Titres de ladite Voirie, Extraits de nostre Chambre des Comptes, Tresor & Chastelet de Paris ; Comme Chandelles, Gasteaux, Beurre, Oeufs, Fromages, Figues, Raisins, Bouquets, Rozes, & plusieurs autres menus Droits, qui se cueil-lent & perçoivent, par chacun an, jour & saisons ac-coûtumées, de ceux & celles qui estalent & placent sur ladite Voirie, tant és Marchez, Rües, Voyes & Pla-ces publiques de nostredite Ville, Faux-bourgs, Pre-vosté & Vicomté de Paris. Tous lesdits Droits or-donnez estre perçeus par plusieurs Arrests, Sentences & Jugemens donnez, tant par nostredite Cour de Parlement, & les Conseillers de ladite Justice de nô-tre Tresor, que par nostre Prevost de Paris.

V o u l o n s & nous plaist, que ledit Grand Voyer ou Commis, pourvoient des Places vulgairement & at-

tiennement appellées les Places Ordonnées par le feu
Roy S. Loüis, estre aumosnées à pauvres Femmes
Veuves, & Filles orphelines & à marier, sizes tant és
Halles de Paris, ruë au Feurre, qu'és environs;
Comme aussi de toutes les autres Places dépendan-
tes de ladite Voirie, sizes tant esdites Halles, Cime-
tiere S. Jean, grand & petit Chastelet, Marché-Neuf,
Place-Maubert, & autres lieux & endroits de nostre
Ville & Fauxbourgs de Paris, pour en joüir comme
cy-devant les Voyers en ont joüy bien & deuëment.

Et desirant regler les Droits des Lieutenans ou
Commis dudit Sieur Grand Voyer, és Generalitez de
cetuy nostre Royaume, où ils pourront estre establis,
ou Voyers particuliers des autres Villes, Bailliages,
Prevostez & Seneschaussées, comme n'estant raisonn-
able avoir les mêmes Droits que ceux de ladite Ville, Prevosté & Vicomté de Paris, tant pour n'estre
lesdites Charges de si grands frais, aussi qu'elles ne
sont si laborieuses & penibles : Ordonnons qu'iceux
ne pouront prendre pour leursdits Droits, que le
Tiers de ce que Nous avons arbitré pour ceux de ladite Ville, Prevosté & Vicomté de Paris, & ce dans
les Villes Capitales de nos Bailliages seulement, és
choses pour lesquelles ils ont accoûtumé, & sont en
possession de prendre Droits.

Lesquels Lieutenans & Commis de nostre Grand
Voyer, pourront commettre en chacune Ville un
Masson ou autre personne capable, pour donner les
Allignemens sur Ruës, dont le nom sera registré en
la Justice ordinaire : Le surplus des autres Charges &
Fonctions, ledit Commis les fera en personne, en
quoy faisant luy sera obey; Sans qu'il soit besoin de
Sergent, pour faire faire lesdites Significations appartenant à sa Charge, sauf s'il employe autres gens sous
luy, pour voir les contraventions, auquel cas seront
tenus les Commis des Lieutenans de nostredit Grand

Voyer , de se servir des Sergens ordinaires.

Si donnons en Mandement à nos amez & feaux Conseillers, les Gens tenans nostre Cour de Parlement , Baillifs, Seneschaux , Prevosts , & à tous autres Juges & Officiers , & à chacun d'eux endroit soy , comme il appartiendra , Que ce Present ils fassent lire , publier & enregistrer , & le contenu en iceluy , entretenir , suivre , garder & observer selon sa forme & teneur , sans souffrir ny permettre qu'il y soit contrevenu , en maniere que ce soit, cessant & faisant cesser tous empeschemens au contraire. Et afin que ce soit chose ferme & stable à toûjours, Nous avons fait mettre nostre Scel à cesdites Presentes. Donne' à Paris , au mois de Decembre , l'An de grace mil six cens sept , & de nostre Regne le dix-neuviéme. Signé, HENRY. *Et plus bas*, Par le Roy, POTIER. Et à costé, *Visa*. Et scellées du grand Scel en cire verte , en lacs de soye rouge & verte.

Registrées , oüy le Procureur General du Roy. A Paris en Parlement , le 14. Mars 1608. Signé , Du TILLET.

Registrées en la Chambre des Comptes , le 19. May 1608. Signé , DE LA FONTAINE.

Registrées au Chastelet , le 4. Juin 1608. Signé , REMY.

Registrées en la Chambre du Tresor , le dixiéme jour de Juin 1608.

DECLARATION DU ROY.

Portant Reglement pour les fonctions & droits des Officiers de la Voirie.

Du 16. Juin 1693.

LOUIS par la grace de Dieu Roy de France & de Navarre, A tous ceux qui ces Presentes Lettres verront, SALUT. Nous avons par nostre Edit du mois de Mars dernier, uny la Chambre du Tresor au Bureau des Finances de la Generalité de Paris, & créé entr'autres Officiers quatre nos Conseillers Commissaires Generaux de la Voirie, pour chacun dans les quartiers de nostredite Ville & Fauxbourgs de Paris qui leur seroient désignez, avoir l'inspection & faire leur rapport en nostredit Bureau, de tout ce qui concernera la grande Voirie, estre presens aux allignemens, & donner toutes les permissions necessaires pour l'apposition & refection des Auvens, Enseignes, & autres dépendances de la petite Voirie ; auquel effet ils joüiroient des droits dont les Tresoriers de France avoient joüi jusqu'alors, suivant le Tarif qui en seroit arresté en nostre Conseil. A quoy voulant pourvoir, aprés Nous estre fait représenter l'Edit de l'année 1607. portant Reglement pour l'Office de Grand Voyer, lequel a depuis esté réüny au Corps desdits Tresoriers de France, & tous les autres Edits, Declarations & Arrests de noftre Confeil concernant le fait de ladite Voirie. A ces causes, & autres à ce Nous mouvans, & de noftre certaine science, pleine puiffance & autorité Royale, Nous avons par ces Prefentes fignées de noftre main, Dit & Ordonné, Difons & Ordonnons, Voulons & Nous plaift, que conformément à noftre Edit de creation defdits Commiffaires Generaux de la Voirie, ils foient établis & faffent leurs fonctions en la Ville & Fauxbourgs de Paris; auquel effet elle fera partagée entr'eux en quatre Quartiers.

Lefquels feront appellez les Quartiers faint Honoré, faint Antoine, faint Victor, & faint Germain, chacun borné & limité, fçavoir, ceux de faint Victor & faint Germain par la Riviere de Seine, y compris les Ifles & les Ponts; & lefdits deux Quartiers entr'eux par les Ponts au Change, & faint Michel, & par les ruës de la Harpe & d'Enfer : & à ceux des Quartiers faint Honoré & faint Antoine appartiendra tout ce qui eft depuis ladite Riviere jufqu'aux extrêmitez des Fauxbourgs, & feront feparez entr'eux par la ruë & le Fauxbourg faint Denis, & faint Lazare. Voulons neanmoins que lefdits Commiffaires de la Voirie faffent bourfe commune des droits à eux attribuez, à la referve de ceux qui proviendront des Rapports pour allignemens ou autres chofes dépendantes de la grande Voirie, dont la moitié des émolumens appartiendra à ceux qui les auront faites, & l'autre moitié fera rapporté à la bourfe commune : Et pour conferver entr'eux l'uniformité dans leurs fonctions, & un partage égal de leurs droits, ils exerceront leurs Charges dans lefdits quatre Quartiers, fuivant qu'ils leurs feront défignez par nos Treforiers de France; Et comme le produit de ladite bourfe commune doit fervir à la fubfiftance defdits Commiffaires, voulons qu'il ne puiffe eftre faifi pour quelque dette ou par quelque creancier que ce foit, finon par ceux qui auront privilege fpecial fur leurs Offices.

Feront lefdits Commiffaires de la Voirie, à l'exclufion de tous Experts, & de toutes autres perfonnes, toutes les Vifites & Rapports pour raifon des changemens ou tranflations de chemins, ouvertures ou retranchemens de ruës, fuppreffions de ply ou coude, conftructions de nouvelles cloftures, ou autres dépendances de la Voirie, qui feront ordonnées par nofdits Treforiers de France, fur la requifition des particuliers, ou à la Requefte de noftre Procureur audit Bureau, fans qu'en aucuns cas nofdits Treforiers en puiffent commettre d'autres que lefdits Commiffaires pour faire lefdits Rapports, mefme ceux qu'ils feront faire hors ladite Ville & Fauxbourgs, dans ladite Generalité quand ils en feront requis.

Pour les falaires & vacations defquels Rapports, qui feront ordonnez par nofdits Treforiers de France, leur fera payé fept livres dix fols, fçavoir, fix livres pour leur vacation, & une livre dix fols pour l'expedition, outre les droits ordinaires de la petite Voirie, qui leur feront payez fuivant leur efpece, ainfi qu'ils feront défignez cy-aprés: & pour ceux qu'ils feront hors ladite Ville, & Fauxbourgs, auront les deux tiers des vacations defdits Treforiers de France, y compris l'expedition. Seront tenus lesdits Commiſſaires de la Voirie de donner par chacune ſemaine à noſtre Procureur audit Bureau, un état des contraventions, qu'eux, ou leurs Commis, auront trouvé avoir eſté faites dans leurs Quartiers aux Edits & Ordonnances de la Voirie, des années 1607. & 1608. contenant le nom & la qualité des contrevenans, ſur leſquels leur ſera délivré par noſtredit Procureur un Memoire des Aſſignations qui ſeront à donner à ſa Requeſte, ſans que les Exploits qu'ils feront en conſequence, ſoient ſujets au Contrôlle.

Et lorſque ſur leſdites Aſſignations il ſera ordonné un Rapport, il leur ſera payé pour chacun la ſomme de quatre livres dix ſols, ſçavoir, trois livres pour la vacation, & une livre dix ſols pour l'expedition.

Et afin que noſdits Commiſſaires puiſſent informer noſdits Treſoriers de France deſdites contraventions, ſur leſquelles les contrevenans auront eſté aſſignez, ils auront entrée & ſéance au Bureau des Finances, ſur un banc qui y ſera mis à cet effet prés celuy de nos Avocats & Procureur, & ce aux jours & heures d'Audiances ſeulement.

Voulons que conformément aux Edits, Arreſts & Reglemens de la Voirie, & de l'Edit du mois de Mars dernier, tous les allignemens ſoient donnez par noſdits Treſoriers de France, dont les operations ſeront faites par noſdits Commiſſaires Generaux, pour leſquels Nous leur avons attribué pour allignement de chacune maiſon la ſomme de ſix livres, ſans que pour une jambe étriere commune entre deux maiſons, ils puiſſent prendre ny percevoir qu'un ſeul droit d'allignement, à peine de concuſſion.

Faiſons deffenſes à tous Particuliers, Maſſons & Ouvriers, de faire démolir, conſtruire, ou réédifier aucuns édifices ou bâtimens, élever aucuns pans de bois, Balcons ou Auvents ceintrez, établir travaux de Maréchaux, poſer pieux ou barrieres, eſtayes ou eſtreſillons, ſans avoir pris les allignemens & permiſſions neceſſaires de noſdits Treſoriers de France, à peine contre les contrevenans de vingt livres d'amende.

Pour leſquelles permiſſions d'appoſitions d'eſtayes, pieux, barrieres, travaux de Maréchaux, & auvents ceintrez, il ſera payé auſdits Commiſſaires de la Voirie, cinq livres.

Toutes permiſſions ou congez pour appoſitions d'auvents, de pas, bornes, marches, eſviers, ſieges, montois à cheval, ſeüils, & appuys de boutiques excedans le corps des murs, portes, huyes de caves, fermeture de croiſée ou de ſoupirail, qui ouvriront ſur la ruë, enſeignes, eſtablys, cages, montres, eſtallages, comptoirs, plafonds, tableaux, bouchons, chaſſis à verre, ſaillans, eſtaux, dos d'aſnes, rateliers, perches, barreaux, eſchoppes, abajour, auvents, montans, contrevents ouvrans en dehors, & autres choſes faiſant avance ſur la voye publique, ſeront accordées par noſdits Commiſſaires de la Voirie; & pour chacune permiſſion il leur ſera payé quatre livres.

Enſemble pour les boutiques & eſchoppes poſées de neuf des Savetiers, Revendeuſes, Tripieres, Bouquetieres, Vendeuſes de Sel, de Moruë, Salines; & pour chacune deſquelles bouti-

ques & eschoppes, il leur sera payé pareil droit
de quatre livres, quoy qu'il y en ait eu de posez
auparavant.

Et pour le rétablissement des choses cy-dessus
exprimées par caducité ou autrement, ou changement d'icelles, il ne leur sera payé que demy
droit de quarante sols ; & pareil droit sur les pe-
tits auvents & pour les appuys saillans mis sur les
croisées ou fenestres.

Deffendons pareillement à tous nosdits Sujets
de faire mettre & poser les choses cy-dessus,
qu'au préalable ils n'en ayent pris desdits Commissaires la permission, & payé les droits, à peine de dix livres d'amende.

Ne seront toutesfois les choses cy-dessus exprimées, soit qu'elles soient posées de neuf ou
rétablies, sujettes ausdits droits, si elles n'excedent le nud & corps des murs, ou pans de bois,
sur lesquels elles seront attachées ou posées.

Joüiront nosdits Commissaires Generaux de
tous les droits, utils de la Voirie, profits & émolumens d'icelle dans toutes les ruës, ponts, passages, quays, halles, marchez, & autres lieux
publics de ladite Ville & Fauxbourgs de Paris,
tels qu'en ont joüi ou dû joüir nosdits Treforiers
de France, en conformité dudit Edit du mois de
Decembre 1607. & Arrest de nostre Conseil du
6. Septembre 1672. & en outre d'un minot de
franc-salé, que nous leur attribuons à chacun par
ces Presentes.

Leur avons en outre attribué & attribuons l'e-
xemption de logement de gens de guerre, tu-
telle, & curatelle, ensemble le droit de Com-
mittimus aux Requestes de nostre Palais, & leur

permettons de commettre à l'exercice defdites
Charges ; & feront leurs Commis tenus de prê-
ter le ferment devant nofdits Treforiers de France, aprés lequel ils exerceront lefdites Charges
par Commiffion, tout ainfi & en la mefme maniere que pourroient faire nofdits Commiffaires
Generaux.

Faifons deffenfes aufdits Commiffaires Generaux de la Voirie, ou à leurs Commis, de prendre & percevoir autres & plus grands droits que
ceux cy-deffus énoncez, fous prétexte de vifite,
congé & autres caufes que ce foit, à peine de con-
cuffion. Si DONNONS EN MANDEMENT
à nos Amez & Feaux Confeillers les Gens tenans
noftre Cour de Parlement à Paris, que ces Prefentes ils ayent à faire lire, publier & regiftrer,
& le contenu en icelles garder & obferver de
point en point felon leur forme & teneur, fans
y contrevenir, ny fouffrir qu'il y foit contrevenu
en quelque forte & maniere que ce foit : CAR
tel eft noftre plaifir : En témoin de quoy Nous y
avons fait mettre noftre Scel, DONNE' à Ro-
croy le 16. jour de Juin, l'an de Grace 1693. &
de noftre Regne le cinquante-uniéme. Signé,
LOUIS. *Et plus bas*, Par le Roy, PHELYPEAUX.
Vifa BOUCHERAT. Et fcellées du grand Sceau
de cire jaune.

*Regiftrées, oüy & ce requerant le Procureur
General du Roy, pour eftre executées felon leur
forme & teneur, & copie collationnée envoyée au
Bureau des Treforiers de France de la Generalité de Paris, pour y eftre lûë, publiée & enre-*

giſtrée ; Enjoint aux Subſtituts dudit Procureur
General d'y tenir la main , & d'en certifier la
Cour dans huitaine, ſuivant l'Arreſt de ce jour.
A Paris en Parlement , le 25. Juin 1693.

Signé, Du TILLET.

www.ingramcontent.com/pod-product-compliance
Lightning Source LLC
LaVergne TN
LVHW021813060726
842528LV00004B/1315